VANOS LUGARES

Editorial Primigenios

EDUARDO RENÉ CASANOVA EALO

VANOS LUGARES

EDITORIAL PRIMIGENIOS

Primera edición, Miami, 2022

© De los textos: Eduardo René Casanova Ealo
© Del prólogo: Abel German
© De la presente edición: Editorial Primigenios
© Del diseño: Eduardo René Casanova Ealo
© De la ilustración de cubierta: Behance
ISBN: 9798849178158

Edita: Editorial Primigenios
Miami, Florida.
Correo electrónico: editorialprimigenios@yahoo.com
Sitio web: https://editorialprimigenios.org

Edición y maquetación: Eduardo René Casanova Ealo

Desafiando a la cordura

Por Abel German

(A propósito de *Vanos lugares*, poemario de Eduardo René Casanova Ealo.)

Que alguien escriba un libro de poemas es, ya por el simple hecho de hacerlo, un evento inquietante. Todo libro de poemas, incluso todo poema, si es bueno, desafía a la cordura. Téngase en cuenta que si nos referimos al aspecto o formato básico (que no exclusivo) del género, hablamos de unos textos cuyas líneas generalmente se "pican" cada pocas palabras con el fin (consciente o no) de —más allá de su ritmo o respiración—, concentrar, también en lo visual, lo que sea que se diga, de modo tal que la zona escrita ocupe una parte mínima del blanco y que, así, con la fuerza añadida de ese vacío, se hagan (los dichos textos) dignos de ser grabados en piedra. Se trata, pues, de infundir densidad al significado, para que luego estalle en un particular Big Bang y se expanda como un nuevo universo.

Así que cada vez que un nuevo cuaderno de poesía llega a mis manos, es en lo primero que pienso. Lo abro y me hago la misma pregunta: ¿El poeta habrá logrado cumplir con esa extraña, osada y, en cierto modo, peligrosa misión? Acabo de hacerlo con el más reciente libro de poemas del poeta, escritor y editor Eduardo René Casanova Ealo: "Vanos lugares". — E intentaré responder.

Para empezar, diré que recorrí sus "lugares", desde el primer hasta el último verso, en constante sobresalto. Tanto que salí al otro lado —tras ese último verso— como si lo hiciese de un campo de batalla, o de una "vida" vivida en un campo de batalla, o, si matizamos, de un campo de batalla después de la batalla. Así que (para empezar) les propongo que imaginen esa devastación o esos "lugares" vaciados por la vida. Esto es: por el tiempo, por las desilusiones, por los desarraigos. Y sin pretender fastidiosas comparaciones, solo por aportar algún referente, diré que lo encontré más intenso —en el sentido que he explicado, o sea (insistiendo en la imagen), como universo comprimido— que ese otro gran poemario suyo que es "Las colinas de Potomac", y que prologué en su momento.

Desde el primer verso uno se sumerge, sin pausa, en un único golpetazo; y el aire poético, en el mejor sentido, es a veces irrespirable. Incluso doloroso. Es como si el poeta negara *exprofeso* que "la angustia de la vida empuja al hombre fuera del centro", ese "centro inquieto" , grieta o hiato[1] . Porque, curiosamente, Ealo intenta justamente lo contrario.
Y al hacerlo produce un extraño entusiasmo: el que se siente cuando leemos algo que está bien, aunque nos amenace. Algo de lo que uno, como lector, va apropiándose hasta participar como "personaje", si no como "creador". Algo cuyo magnetismo es irresistible. Porque la onda expansiva de su lenguaje ensancha ante nosotros su universo y nos envuelve. Y ello desde ese magnífico (y terrible) primer par de versos:
"No quiero mi país de vuelta./ Ya para qué"

---

1 El filósofo alemán Friedrich Wilhelm Joseph Shellin.

Y no es todo. Aparte de esa peculiar fuerza del lenguaje, están los asuntos o temas (porque, en efecto, esta es una poesía que tiene asuntos o temas que, aunque sea en apariencia, son perfectamente discernibles). Y todos, sin excepción, conectan con eso que llamamos la "realidad", ninguno es ajeno o falso, ninguno es netamente "literario", en el mal sentido. El lector queda atrapado *ipso facto* en su red y, al mismo tiempo, siente que disfruta de una insólita libertad. Como si Sísifo soltase por fin la roca ladera abajo y, volviéndose desde lo alto, mirase con "otros ojos" el horizonte.

Con otras palabras: Todo se mueve en la jodida zona del real vivir, algo en lo que la mayoría de los humanos tenemos algunos cursos, si no títulos, posgrados y hasta doctorados. Véase si no este escalofriante verso del Poema 4:

En unas semanas/ no más de diez años/ mi madre morirá,

a lo que sigue esta sobrecogedora imagen:

Mi madre ha visto / el agua tras mi pecho...

Poesía intimista, coloquial, sin ropaje alguno. Al leer esto uno no puede menos que admirarse de cómo Ealo es capaz de ocuparse de asuntos tan personales, incluso íntimos, y luego, sin que se note la "soldadura", entrar en los del compromiso social o la política. Es admirable, porque lo logra sin que el texto pierda ni un ápice. Sin que, en fin, deje de expandirse. Un buen ejemplo puede ser el poema 7, al que pertenecen estos versos:

No debes morir por ninguno de ellos / ni enviar un hijo a sus guerras / aunque te lo pidan de rodillas,/ ni escribirles un verso, una canción / prender un cirio, /soltar una moneda en el canasto / ni para Dios, ni para un carajo.

En ellos se refiere, claro está, a los políticos. Y esto subyace después, en casi todo el cuaderno, arrastrándonos (entre líneas) hacia otro de esos lugares que él llama —por razones que pueden inferirse pero que no vienen al caso— "vanos". Ejemplo:

Sobre las tres en la madrugada / ensayé la proscrita técnica del corazón explosivo, / mañana volveré a mi pose frente al espejo. (11)

O también en esta imagen que, por otra parte, obliga a pensar sobre su extraña perfección:

He decidido / encerrar al intento / torcido al rabo del chivo negro / que suele acompañar al diablo. / Un exceso de luces sigue mi camino. (14)

Hasta que retorna —porque lo hace— a la problemática existencial del Yo que, más arriba califiqué quizá injustamente, de "intimista":

Te miras en el espejo/ y crees que eres el mismo. /Lo más fácil es ser engañado por un espejo. / A veces los dos/ son fragmentos distintos/ que pueden tener una vida hermosa, / llena de serpentinas y pitos de

su semilla o sustancia interior está seca o podrida". —Triste alegoría que expresa el desarraigo del poeta y, con ello, a modo de compensación, su radical abandono de "la fila de asesinos".[2] De modo, pues, que Ealo ha escrito una poesía, de principio a fin, sin trampas, al descubierto, una poesía de ecos que parten de la palabra final, atraviesan una puerta (la de la expansión antedicha) e invita a que la abramos y busquemos, del otro lado, la explicación.

Nadie vive más allá (...) de los sueños .

Dice. Y, una vez más, desafía a la cordura.

España, en junio de 2022

---

2   F. Kafka caracterizó sus escritos como "un abandono de la fila de asesinos".

*Ellos tampoco saben cuál es
el prisionero y cuál el hombre libre.
Los confunde la reja y el tercero
de arriba que vuelve a preguntar:
"¿Cuál es el prisionero cuál
el hombre libre?".*

"Pandemónium de la libertad"
ALBERTO RODRÍGUEZ TOSCA

No quiero mi país de vuelta.
Ya para qué,
nunca tuve un país,
ni siquiera cuando acuñaron mi nombre
en la desidia del héroe.
Mi país no existe
nos hemos ido
a las raíces del mangle,
al paisaje soñoliento del norte,
nos hemos ido para siempre,
con el *alma pobre y fría*
todos, hemos visto como el país
se va a la mierda
y sus aires arrojan odio
y su luna una sombra colérica
y mi padre es un montón de huesos
arropados en una bandera mohosa.
Me he traído a mi madre
para que muera lejos
de donde ofreció su sexo.
Esa línea que nace del primer beso,
esos círculos germinando,
esas parábolas a mi nacimiento
son puras pendejadas
del emigrante.
Mi país es un país de pavor
y sus fisuras y desgarraduras
nos persiguen a todos,

acá en el norte,
donde probablemente
vivimos imaginando
cómo podría ser el país
que tuvimos, o tienen,
sin nada sagrado, sin memoria,
sin carne atada al alma, o ser
que desclavar, bajar, acostar
en la tierra hasta el hartazgo,
para que venga la abundancia,
los artefactos, la zarzamora
el desentume de la mano
y se marchen los años vacíos e inútiles,
y que venga la identidad, asumir esa identidad
sin el nombre de un falso héroe
mientras te acomodan bocarriba o bocabajo
y revisan tu cuerpo de nacido
sin permiso de nadie.
Porque somos
héroes desconocidos
tanto y más grandes que la historia
en el ritual de las cuatro letras,
en las horas eternas
que conforman la piedra,
esa que acarrean
inmundos, por la cuesta
como una vasija para el agua
con pústulas negras y amarillas.
Los colores del país donde nacimos.

El milagro de nacer suma el milagro de irse
no le expliques a nadie no pierdas tu tiempo
el milagro de volver a nacer es no explicarles
por qué tuviste que morir conserva tus palabras
no les expliques lo que ellos olvidaron
esquiva las máscaras el cordero a tu lado
en el Palmetto y al de atrás no mires
aférrate al timón extiende las alas de escarabajo
(son de otro prestadas) no le expliques a nadie
su origen el milagro entre tu espalda y el asiento
simplemente mastica experimenta el sabor en tu boca
cubierta de protuberancias no mires el asombro
del que huye de ser comido por el escarabajo de turno
con las alas abiertas no mires simplemente dobla la curva
con la cantidad precisa hechizada del pie o de la garra
como si fueras otro escarabajo recién llegado al juego
otra criatura del lugar donde todo es una ilusión
no preguntes no busques más el sonido de tus alas
la humedad de su sombra en el camino como
si fueras a ser bautizado bien callado muy callado
el aire es lo único que puede salvarte

En unas semanas
no más de diez años
mi madre morirá.
Le he servido un plato de ajiaco
y se lo ha comido en silencio
sin levantar la cabeza.
La bastedad de la memoria
le ha impedido
quitar la vista del caldo.

Ahora sé que preguntará
por los otros
y tocará mi turno
de prestarle mi corazón.

Con la boca cerrada
y el cuerpo transparente
lavo la vajilla.
Mi madre ha visto
el agua tras mi pecho,
las barcas deshechas en mis huesos,
la espuma en mi lengua tropelosa,
prometiendo
el pago a fin de mes.

5

La casita de madera de cuarta número doce
no guarda ninguna foto de una guerra mundial
en un retrato donde aparezco muerto
colgado de un clavo cubierto de herrumbre.
Vienen del fondo oscuro las sombras
y las hojas del ciruelo caminan por las telarañas
el pozo guarda el secreto de la Isla y sus aguas
en el aire, la república se hincha inmutable
no volveré a habitar sus espacios
aunque procure ser el antes, el después
de colgar la foto de una guerra mundial
donde aparezco muerto.

Eternas nubes girando en todas direcciones
sin horario en la paciencia nata del viento
posesionan velas de sombras sobre la tierra
son las más diestras en repartir lejanía
sueños escalan a sus confines
donde las aves más cursis pastan
huyen y yo con ellas
a mi vigilia comprimida;
he crecido con nubes en la pupila
imaginando un paisaje curvo
más allá de la ciudad dormida
un sitio donde sin rodeos
podría vivir sin horario
en la paciencia nata del viento.

Con los políticos no se puede
con los políticos sí podemos
solo hay que no mencionarlos
en nuestras oraciones con los curas
no se puede con los curas sí podemos
solo hace bien no asistir a sus misas
con los usureros no se puede
con los usureros sí se puede solo debes
repartir bien tus pocos peces estirarlos
en fila india desde la puerta hasta la cocina
y mirar hacia el otro lado
donde anida la apariencia de una vida
en la que no caben
los que viven para la política
para los sermones y la prestancia.

No debes morir por ninguno de ellos,
ni enviar un hijo a sus guerras
aunque te lo pidan de rodillas,
ni escribirles un verso, una canción,
prender un cirio,
soltar una moneda en el canasto
ni para Dios, ni para un carajo.

El gobernador ha declarado la guerra a los homosexuales,
el presidente de la isla
solapado y severo dicta lo mismo,
pero eso es viejo,
el qué, cuándo, por cuáles calles,
colegios, el penacho de la gloria, la arbolada,
el bien común, los puentes del mundo rancio,
los charcos del indecible desayuno,
los cuadernos de matemática.
Todo puede ser
un puñado de serpientes
esperando la marca de colores
donde no hay hombres transparentes.
Todo puede ser un inmenso hueco
a veces se esconde, tan solo a veces
y no podemos ver,
el pabellón pirata.

"Algo se pierde en el gris"
de ciertas imágenes,
crees puedes responder
sí hicimos lo posible,
lo que estaba a nuestro alcance
tú, yo y los náufragos,
signos de algo
que no puedo encontrar en la lluvia.
Al borde del camino
en ese árbol, colgaron a un negro
y dejaron su carne podrir.
Pero, hablemos de la tarde
en la que no estuvo aquel negro
ocultando el sol.
Hagamos cabriolas,
nuevos vaticinios,
es aburrido y deprimente
vivir con golpes de nostalgias
al acomodo de Dios
y su desmedida venganza.
Ningún lugar será el mismo
en los mapas y corazones
de los nuevos hombres
que olvidaron perdonar
pero no entonces
sino todavía.

Incorrecto,
no son una masa disforme
son ciudadanos y pagan impuestos
han vivido grávidos
de aullidos y juramentos
en el acto de vivir
de memoria en memoria.
La verdad es que
sin son una masa,
una fiesta acá, un viaje
a la frontera, a una ciudad cerrada
y mucha carretera de oeste a este
por esos caminos rectos
en los que no se muestra
el lugar en la tierra
donde estuvo colgado el negro
del árbol inexistente.

¿Qué es la falsedad?
Deben ser palabras
separadas de sus padres
en alguna frontera,
un retumbo
de resbaladiza montura
de intención predominante,
¿cuáles bocas irán
de cabeza baja
al hecho decapitable
de una identidad oval
trazada por la voluntad mayor
de una nube que se rompe en el aire?
en su nitidez,
la fulguración
de una forma-instante
luego se vuelven gotas
como si dictara
instrucciones para el vuelo.
La boca que se considera surtidor
atada a la gracia y travesura de una vida
no admite tutelaje

He decidido no responder
al demonismo familiar
de colgarnos todos
a tres clavos,
si no fuese
por muy breves excepciones,
me iría a convivir a la lejanía
a un lugar sin ídolos huracanados,
fuera de este frigorífico
con mis dones y esencias
cubiertos de una capa amarilla
por la injusticia que hace
tan misterioso el camino de la bondad.
He resuelto ser el pan y el vino,
manipular las tijeras
pensar con cierto agrado
el peso de mi desnudez,
al escuchar el idioma hecho naturaleza,
su fabulario del batracio a la culebra,
escalera que burla el sentido
trágico del chasquido de unos dedos:
¡se hizo la luz del quinto día!
Quiero dar el salto
contra la tropilla peleadora de proverbios
para ahuyentar a la medialuna
y los tres clavos,
piezas de ajedrez del anticuario,

blanden sanguinarias hachas
sobre el cremoso mantel de los siglos.
Diré pavorosas noticias ya escritas,
pero no escuchadas,
me he adelantado a mi vejez
al dar por inexistentes
a la madre y al padre
sin homóloga relación
a la fuerza sutil
que otros creen inacabable.
He decidido
encerrar al intento
torcido al rabo del chivo negro
que suele acompañar al diablo.
Un exceso de luces sigue mi camino.

La amé, hoy he olvidado
las cosas que hacía,
su efusión, diciendo:
este es el parámetro,
la claraboya
donde pongo la magia
por la que vendrá
el primogénito,
yo puse una pucha de jazmines
con colas membranosas
y comenzaron a tropezar
por su desfiladero,
hoy he olvidado
si el alba en su rocío
si su carne era frío cristal
la ciencia de lo eterno
en vapores ascendiendo
verificando al gusanillo
en su traspaso y aparecieron las plantas,
las primeras moléculas
de aquel océano sin peces,
de los bípedos que necesitaban del fuego
para llegar hasta el hombre
en la simetría del conjuro
de la procreación matutina,
como si el río de la vida
apurara su marcha.

Ahora ella reaparece en ti
simetría del humo,
zigzagueo del relámpago,
en algún segundo
tomarás las manos de tu hija
para comprender
una parte del mensaje homérico.

Amo los días en círculos
indetenibles, sus horas
son cola y tronco
para pensar en Ptolomeo
parado en su roca.
Me gustaría aprovechar
su pedestal, mirar al firmamento
bajo la luz intensa de constelaciones
que se recuestan
al lado de mi lealtad.
La única que he poseído.

Deseo que se callen,
los líquidos de mi cuerpo.
No me pertenecen,
han entrado,
pero no me pertenecen.
Es el río que viene
arrastrando piedras,
turbio, lleno de hierbas
y crisantemos, suben hasta
donde el ruiseñor plantado en la cabeza,
siguen viaje, bajo la rueda del molino.
Son una ofensa pública,
una cerradura impuesta.
Del día a la noche
los hago salir, más vuelven
para hacerme sentir un idiota.
Su cauce humilla
mi camino entre los hombres,
mi trabajo con el que pago mis deudas,
el sacrifico de este caudal
ante la burla de otros hombres.
Yo solo quiero que se callen,
me provocan náuseas
el rumor que envuelven sus latidos,
la extorsión en cada vaso de agua
que bebo para salir desnudo a la calle
calzando las mismas botas.

Cubren las paredes rosas
con su asqueroso olor.
Son repugnantes.
Enladrillan la pausa.
Tuercen las escaleras.
Me hacen creer
que el cielo es azul,
que siempre ha sido azul
y no de negro espeso.
Fabrican un gato
que repite en ramificaciones
el saludo de su cola
de una materia parecida al relámpago.
Son líquidos que esconden
las verdaderas moléculas,
las programaciones infinitas
de su doble intención.
Repetitivos, imborrables,
capaces de desaparecer,
de atravesar una pared que no existe,
aunque la pared se erige
frente a mis ojos, ¡pero no existe!,
los líquidos la cubren con una piel
similar al de una roca milenaria,
tan llena de grietas y escarabajos de oro
que todos vienen
a golpear sus cabezas contra ella,
pero no existe la pared,
la pared son los líquidos de mi cuerpo
formando columnas de arabescos
en la pantalla verde,

flotan y hacen jirones,
salen y vuelven a entrar
sin pedir permiso a nadie,
haciendo lo que siempre han hecho
y para lo cual fueron creados.

Te miras en el espejo
y crees que eres el mismo.
Lo más fácil es ser engañado por un espejo.
A veces los dos
son fragmentos distintos
que pueden tener una vida hermosa,
llena de serpentinas y pitos de calabaza.
Lo más tenebroso
es lo fácil
que se puede romper un espejo en dos pedazos.
Entonces salen dos fragmentos
de tu imagen llenos de desvaríos,
de concepciones temporales
que tratan con desesperación
de justificar una existencia sin sentido,
ni propósito.
Desde entonces
serás una carga evadida,
quebrada, viviendo dos vidas,
o cuatro, según la cantidad de fragmentos
que han nacido del espejo roto.
Y si no creías en el destino,
porque odias saber
que no puedes controlar tu vida,
haz una pelota
con todo lo que te han robado
y mucha saliva,

de lunes a viernes
le pones más saliva
con tu lengua ayer blanda,
hoy instrumento degollado.
Para el sábado debe estar bien dura.
No importa que sea una pelota luna,
llena de cráteres
y pequeñas montañas de besos no dados.
Tómala, arrójala con fuerza
contra la pared donde estuvo el espejo.
Con suerte abrirás la puerta
que esconde los ojos
que han estado observando
todos tus malabares y purgaciones.
Te dominará la ira
y no debes sentir repulsión a la muerte.
La felicidad radica en la venganza.
Haz con esos ojos lo que más te plazca.

Hastiado escribo:
He llegado al punto
de cometer un crimen
contra el yo, el él, la ella, los nosotros, los ustedes.
Estoy infestado de las palabras
y su fiebre contagiosa.
Las piernas de una mujer
son dígitos que esconden
la luz de unas piedras que vibran.
El sabor de su lengua
es la probabilidad de un desastre.
¿Crees que su saliva
es un témpano de hielo en tu boca?
No puedes probar
que no sea una ilusión.
¡Hasta eso tan sagrado,
han inoculado en mi cerebro!
Ardo en deseos de destruir
los reinos donde habitan las palabras.
Ya he despertado de su flauta.
No sé dónde comenzó la infección,
quizás en la fuente
cuando crearon este cuerpo
y todos los demás cuerpos
que habitan esta realidad sin átomos.
Me voy a la calle
con unas tijeras en cada mano,

una sierra de cortar cerebros,
un machete corta alas,
una aguja hipodérmica
del tamaño de un metro
y unos guantes de terciopelo
para matar con estilo.
Debo hacerlo y negarlo luego,
la negación
es la más predecible
de las respuestas humanas.
A la mujer del vestido rojo
un navajazo en cada sonrisa,
al policía de traje gris otro picotazo,
al obrero en su andamiaje:
un nudo gregoriano,
a la vendedora de lilas
una granada violeta bajo su carro,
al guardia de seguridad
otro navajazo
que abra las cataratas del averno.
Si todo se desvanece como una burbuja:
Sabré, que he vencido esta fase del juego.

Me dicen
que traes un poco de amor
en esa bolsa. ¿Es cierto?
Para algunos
la caída de las hojas
son una armonía,
para otros
es una anomalía
producto del más simple de los denuedos.
Por desgracia no se puede explicar.
Eso que traes no existe,
cuando lo esgrimes,
algo le dice a tu cerebro:
es jugoso y apetitoso.
Crece por tus venas
como una cerveza espumosa.
Pero no existe.
Lo que crees guardaste para ti
nunca se pudo guardar,
en realidad,
nadie lo ha tenido en sus manos.
El ser humano
necesita del sufrimiento
para definir su realidad.
El amor produce fluctuaciones de triunfo
igualado por su monumental fracaso.
Si lo ignoras, eres feliz,

sí decides caminar a las mil puertas,
yo te abro cualquiera de ellas,
solo tú debes escoger
cuál puerta deseas pasar.
Dentro seguirás siendo el esclavo.
Un mamífero
que se muda a través de puertas
después de consumir los recursos.
Aun así,
estás a tiempo de conocer el camino,
mientras lo andas.
Y eso es un gran triunfo
para alguien que se acaba de despertar.

Debo hablarles de ella,
de su pelo corto
y de su catarata
con broche de perlas,
de cómo vendió
mi pene en las profundidades
del mercado de tiendas de campaña,
ella la tiránica se deshizo de mi orgullo
y de las memorias
que atesoraba el único mástil tangible de mi cuerpo
y con el producto de la venta
construyó el edificio de silencios
que hoy iza nuestra bandera
de huecos, alegrías y tristezas.
Yo pagué por sus penas
y por el moretón en una teta
que le causó la baranda del Nabucodonosor.
Por su aliento endeudé mis gafas oscuras
y por su vulva repleta de líquidos innombrables
le devolví su costilla.
La guerra me ha dejado sin créditos
y por ello le muerdo la entrepierna,
la penetro con rabia tuerta,
le lleno los ojos con mi esperma
(una vez más)
aumentando mi deuda,
lo que me obliga a esperar

a que enciendan la gran máquina del reciclado
para violarla de todas las formas posibles
como solo saben hacer los piratas,
el secuestrador y el último presidente
anterior a la guerra de las máquinas.
Ella sabe que yo daría mi vida por ella
por la forma en que la miro
en el espejo de barriga entera.
Es su triunfo: contemplarla,
toda abierta y sin la peluca
que cubre sus partes.
Porque cuando le pido
abre un poco más las piernas,
muévete, amor mío
y comenzamos a movernos
y paramos para no venirnos separados
sino juntos, como las tachuelas de una bota
que cruje en un piso cubierto de cascaras de maní,
Trinity sabe que hoy yo no sería el elegido
si no fuera por esa carga de materia oscura
que entra a mi cuerpo,
aún y con mi sexo encogido
como un acordeón
dentro de su caleta
cubierta de nieblas uterinas.

Una eternidad en ciernes
es no saber
el día que vamos a morir.
Despiertas en el túnel,
dentro de un caparazón de metal,
dentro de un campo magnético,
dentro de un mes
que no recuerdas su nombre,
dentro de un lugar sin sol,
dentro de una concha
y ves que son las tres de la madrugada
en algún lugar del ombligo,
te aferras a esa pierna derecha
con la que siempre has cruzado la puerta,
terminas una frase,
un crucigrama en la pupila,
el último impulso glorioso
para rechazar la idea
de vivir en un lugar
sin insectos culpables
de las variaciones
que suele tener la ira,
los celos,
la envidia,
la resignación.
En el fondo
eres un tipo al que nadie cree,

por estar siempre eludiendo
el ojo servicial de tus enemigos.
Por eso
y por todas las cosas
que repudias de ellos,
cantas cuando ellos lloran,
te extiendes como la vela de un barco
cuando ellos declaran la guerra a las pausas,
cierras los ojos
cuando ellos entonan
los himnos de sus victorias pírricas
y como último acto de despecho,
escribes poemas
en las paredes de piedra de tu cueva,
cuando ellos se arrastran
y miran a su comandante
con los mismos ojos
que una vez usó
aquella mujer nacida en cuerpo de hombre.

Salto del camastro
sospecho el sonido destrenzado de la muerte
por un rayo de sol.
Quejido del hierro contra hierro.
Exhalación del aire viciado,
ruidos del artificio póstumo,
un órgano en forma de relámpago
que explota la sustancia gris
y corta las moléculas
de la raíz cuádruple del principio de la razón,
al carbón de los cuerpos
hacinados en los pasillos,
en el resquicio metálico de las escaleras,
al muchacho virgen
que muere sin vociferar el nombre de su amada
con los ojos abiertos
por donde se escapan las palabras,
los recuerdos, la luz,
las nociones elementales
de cómo funciona una ametralladora de plasma
y un cañón electromagnético.
Con el sonido de un golpe tóxico,
termina la vida, un sonido corto,
que nos hace perder la capacidad de despertar.
No más propósitos.
No volver de la nada de la noche
a la mañana del momento.

Solo entonces,
para los que aún se esconden
tras el aire, comienza el acto
de darse cuenta, triste cuenta,
de lo que somos.
Porque la muerte es un culto
que une lo más alto con lo más bajo.
Metáfora triste para los que nunca
podremos ver el cielo que tuvimos.
Soñar
con el azul que existió
sobre nuestras cabezas
es el límite de un bosque
que no se abarca con el sueño.
Al llegar a la primera línea de árboles
siempre despierto.
Zion duerme inocentemente
en su tumba de acero y concreto.

Si de verás soy el elegido, debo haber tenido
muchos nacimientos,
tantos, como universos posibles.
La verdad más simple y obvia
es que, con cada nacimiento
y con cada muerte que he tenido,
han nacido y muerto
varios universos.
No pedí esta forma.
Me niego a vivir creyendo
que vivimos en un mundo exclusivo.
No me lo perdono.
De qué sirve un mundo único y personal,
donde lo verdadero es lo inútil
y lo falso es lo útil.
Dentro del mundo virtual
no soy frágil,
no me afecta la miseria
de estas paredes talladas en la roca,
pero una vez fuera o dentro,
el olor de los cuerpos
desagrada todos los aromas
que entraron a mí
cuando estuve conectado.
¡Y la fragilidad es tanta!,
¡tanta la miseria!,
que dejo de ser el altisonante

que rompe la inercia
y la gravedad sobre la ciudad
que nos crearon.
Por ello no debo ser el elegido.
Si lo fuera, no sería un ser extraño
que habla con el lado derecho del cerebro
y canta con el izquierdo;
amaría a todas las mujeres
y no solo a Trinity,
a la que me ata su rocío vaginal
y la belleza de sus piernas curvas;
si tuviera el don del elegido
podía conectarme y desconectarme
de nuestras miserias humanas
para matar el dolor dejando
la idea del dolor y al mismo tiempo,
podía domar la agresividad
y la furia, codificarlas en un soplete de fuego
que elimine al fuego que nos consume,
pero dejando la idea del fuego.
Si de verás fuera el elegido
tuviera la capacidad
de contemplar al mundo
tal como es, donde todo es de vidrio
donde los túneles
que conducen a Zion son de cristal,
los cielos hondos y negros,
también son de cristal,
las ruinas de nuestra civilización
que yacen en la corteza y,
por ende, esta bola de tierra magullada

es de cristal; y basta que yo los toque
con el borde de mi uña (la elegida)
para producir su muerte instantánea
y todo se explote y pulverice
dejando un silencio y una oscuridad total.
Lo único que quedaría después
sería el espacio desnudo, impenetrable,
donde habitó la memoria
y por ende las palabras,
organizadas como una bola absurda,
dentro de un rayo macabro,
flotando en las gotas de un estornudo
tan solo segundos en el aire
tras el estallido del alma.

Con un silencio
han visto como me marcho.
Fue un gran silencio,
alérgico a toda esperanza.
En mi vida intrauterina,
cuando mi cuerpo
lleno de tentáculos
alumbró una bombilla
en el callejón del gato,
jamás sentí un silencio
tan grande como el de mi partida.
Hasta ese momento
mi corazón tuvo una milla de largo
y otra de profundidad
para albergar
todas las bendiciones del mundo,
o una catedral de libros,
o los nombres de mis siete amigos
tan famosos como su lejanía
y sus voces, vibrando
en la frecuencia que solían vibrar
solo las voces de la era,
cuando dos anillos de humo
flotaban a la medida de nuestros deseos.
Al cerrar la puerta
les dejé una radiografía del corazón
que acababan de cortar

en la papelera de reciclaje.
Lo cortaron en tiras
para que no quedara
ningún compromiso comprimido.
Pobre corazón
quedó convertido
en cabellos de Medusa
sobre el piso de Zion.
Luego me marché
a la oscuridad de brebaje
de calles y calles
y en una cornisa
descubrí a mi sombra.
Mi sombra siempre escurre
una actitud de colores
para que yo la siga invitando
a la fauna de hombres decadentes.
Pero yo no le sigo ese juego
que siempre conduce
a enfermedades y calamidades
no previstas en mi código del elegido.
Supongo que una sombra
es algo que puedes matar
sin que jamás se descubra el crimen
o enviarla por correo ordinario
al reino de la nostalgia.
Allí debe encontrar el premio merecido:
una camisa de fuerza de color amarillo,
el mismo color de los que parten de Zion
por la gran puerta reforzada de acero y tuercas.
No puedo imaginar

la expresión de sus rostros
cuando les toque su turno
y vengan caminando
en la oscuridad
hasta donde estaré esperando.
Será extremadamente difícil
superar las náuseas
que producen sus miserias humanas.
El universo de los túneles que conducen a Zion
es un lugar abigarrado de desechos
y en primera instancia de muerte.

Lo que más deseo
es que se quite las gafas de sol.
Y cuando deseas una cosa,
no siempre,
el Universo conspira
para que puedas alcanzarla.
Morfeo bajo esos lentes,
es como si existiera
en dos lugares al mismo tiempo
y en ambos
haya dejado una sola huella.
El nubio cristal
refleja un lenguaje
que se extiende más allá de las palabras.
Un enunciado
del más simple
de los intentos del verbo:
no todo suele ser una sola cosa,
porque el cristal oscuro de unas gafas
oculta la primera obligación del guerrero,
que no es precisamente
soñar con los ojos cerrados,
dando vueltas alrededor de una piedra.
A veces es imposible
llegar a una piedra,
incluso utilizando los sueños
como herramienta,

pero cuando lo intentas,
¡está escrito!,
las posibilidades inmensas
nos hacen sentir
que se puede tener todo
sin desear tenerlo todo.
Por ello, está ahí de mármol en el rincón,
esperando que mi mano
gane confianza en sí misma.
Inmutable como el silencio
y lleno de fe (absurda idea)
pero con la voluntad
de conquistar mi repulsión
por no volver nunca a ser el de antes.
Las acciones de una mano
serán siempre un misterio.
Porque todo en la vida
puede ser una señal de una mano.
Los hombres
responsables de la destrucción del mundo
olvidaron el lenguaje de las manos
y no por una coincidencia.
Sino por no querer utilizar más las manos,
que siempre le dieron una razón de vivir.
Los presentimientos no bastaron
para regresar al lenguaje de las manos,
a la corriente
donde la historia de los hombres
estuvo unida
por el eslabón de dos manos
o a la mano que creó al mundo

y por ende la propia historia.
Yo solo deseo que Morfeo
se quite los cristales oscuros
que esconden el alma de su mundo,
antes de yo tomar la píldora.
Necesito de esa fuerza positiva
para que todo comience a moverse
y yo pueda entender
que siempre existe una primera vez,
en la que se debe despertar a un arma
para que cumpla el propósito
para lo cual fue creada.

Aquí está la lista
de los íncubos
que me secaron el alma.
¿No sé si debo contarles
sobre aquellos
que viniendo de otros
repugnan igual a los míos?
De cómo conspiraron
para besar con sus labios
donde debieron estar los míos
y en especial a pedir el perdón
a las llamas de un cielo indiferente.
De vez en cuando sollozan
y piden que les deje salir
para infectar a otro cuerpo,
con su euforia de conquistadores
nacidos para el sufrimiento.
Endiabladamente arden de amarillo,
beligerantes como si vinieron
para hacer solo daño.
Ahora reconozco
de dónde viene tanta distracción
mientras pasa la columna de hombres
camino a las trincheras.
El polvo que levantan entra
a calmar mis demonios.
Les fascina el polvo

que precede a la muerte de los inocentes.
Son bestias con gran sentido del olfato
para la desgracia ajena,
al olor que despiden
los mártires y los extraviados.
Me tiende abrir mis venas
con un último cigarro en los labios,
dejar que caminen y caminen
rumiando su capricho
de vivir en otro cuerpo,
de fiesta en fiesta,
de celebración
en manso periodo de incubación
tras unos ojos
que aún no saben,
han sido infectados
por el vacío de los náufragos.
No he podido hacerlo.
Despierto con la sensación
de no ceder vencido
a la inconmensurable realidad.
El cigarro lo prendo
y aspiro su humo burbuja
que estalla en el reino de los demonios.
Nada como esos segundos de victoria
de quien se despierta,
sabiendo que es un derrotado
y aun así, se alegra por ello.

Solo tres veces
he podido preguntar
por qué estoy aquí,
o me lo han preguntado
y me he hecho el sordo.
La primera
en un sueño
donde era un fantasma
que arrastraba por los entrepisos
una cauda de penitentes
reclamando su turno a resucitar.
Inundado de crepitaciones,
despierto sin la respuesta.
Todas las noches
los mismos monstruos,
círculo vicioso
de haber perdido mi pie derecho
en una mala temporada.
Vienen y preguntan:
¿Estás preparado
para el filo de hacha?
Y mientras caminan tras mi forma
preguntan por todo:
intenciones,
delirios,
la dimensión del asco,
la familia,

la trampa,
los círculos,
las contraseñas,
la sarna,
el mármol,
la distancia,
el número.
Pero no les respondo,
pues debo regresar
al porqué estoy
donde comienza mi derrota.
Los penitentes no portan palabras
que puedan salvarme
de la suerte echada.
Mastica mi boca el pan de las once.
Insisto en la sal,
en el sonido de los túneles.
Nada me obliga
a seguir preguntado
qué hago aquí,
por qué no empaco mis maravillas
y con un pañuelo gitano en la cabeza,
salgo a tropezarme en la calle con Smith
para entrarle como un ariete
por donde más le arde
al muy maldito y falsificado hijo del Arquitecto,
que siempre pregunta la misma vaina:
¿Por qué estoy aquí?

So, you have to stay on
But the drum-beat strains of the night remain

Year of the Cat. Al Stewart

"En una mañana de una película de Bogart"
del país que retrocede cada cuatro años
va el sin piernas en su moto eléctrica
el dirá que las dejó en la jungla
en el año del gato.
Azul siempre azul no es rareza.
Ofusca la sangre su pinta de extranjero
Gorgona sobre los nódulos del tiempo,
sigue siendo el año del gato.
Sus noventa y tantos años
de doméstica cordialidad
sobre la tibia vacía navega
respiración clásica casi tierna.
El viento al pómulo izquierdo
plegado con urgencia.
Le cedo el paso con ternura retadora
como quien respeta una fuerza extraña.
De año del gato pocos se acuerdan.

Tuve una amante entre los abalorios de la primavera,
otros y yo vivimos de su amor columpiado
de sus tentáculos bramantes que acudían a las citas
en cada parada de guagua bajo lluvias plateadas.
Sus lados siniestros fueron remiendos brumosos,
y cerraduras narcotizadas al paso de mis derrotas.
Nunca me dijo que me quería
con las mismas ansias que se espera al viento
para ofrecernos el lejano sonido del concierto
en su plaza rodeada de kioskos y tréboles verdes.
La sigo llorando en la suerte fría del destierro.
Me ruborizo frente a otras vidrieras
donde exhiben quesos dóciles y latas de cerveza.
Una parte de su rechazo persigue esta vida
que se va sin remedios al cementerio
de las mariposas de papel estraza.
He ido a verla. Nuestros recuerdos en común
ya no guardan relación con el primer beso.
Me abrió la puerta con indiferencia
de ciudad sitiada y vencida,
ya no silban arias sus calles estrechas.
El nuevo rey me expulsa a un terreno verdigrés
y ahueco el silencio mientras
espero mi cola de papalote
para asilar y volar hacia otras tierras.

¿Y qué es?,
ciertas imágenes llegan.
Inocencia,
sosiego,
una ocasión donde caemos en la trampa.
Y qué es una trampa.
La casa de Lezama
a vuelo desde unos globos,
en el lado sórdido de la ciudad
de una publicidad desahuciada,
seguir de largo hasta la muerte.
¿Y qué es la muerte?
Las plegarias de un siglo,
la estampilla de unos hombres entrando,
manos que sueltan chispas,
una analogía de la paloma blanca,
un sauce sándalo,
una sábana lanzada sobre el invierno,
levantarse temblando de frío,
una bofetada en negro y rojo,
un velero dentro de una botella,
que reboza y vivifica,
llenar de hormigas la página del libro,
donde estamos mirando con fijeza,
sin señales,
sin decirnos mañana,
sin el rostro de parecernos los mismos,

sin la revelación del almanaque,
con ruinas,
con las mismas piedras
que erigieron árboles sin espinas,
con aplausos sin orquesta,
con un pie en la escalera
siempre descendiendo,
un estrecho de agua
con retratos púrpuras en las paredes,
una virgen muda
adelantado plazos a las letanías,
unos harapos colgados en las venas,
un lugar para mentir,
un muro donde entretener a la noches sin ángeles,
a la ausencia de imágenes para perdonarnos,
a los que con fuerza partimos
a segar otras tierras
y nos disfrazamos de gris preguntando:
¿y qué es la mugre y la tinta de todo nuestro pasado?

Apenas llueve en esta ciudad
que nunca será una buena metáfora.
Salto en mi postura de arrabales.
Maroma a la vida
que es la muerte
de no dar más de mí,
acierto del momento
que cambia la vida.
Yo como él,
he visto una moza en el mercado
y la ascendí a princesa.
Pálidamente,
comparto sus deudas
de una casa a punto de perder.
He empezado tarde pobre de sentido,
rodeado de distancias,
desdoblado en tres.
Nadie vive más allá
de la edad de los sueños
y de la ola que rompe
sobre las rocas de una ciudad sin metáforas,
fue un salto vecinal
a las fauces de la mortaja
de lo establecido.
Ahora debo morir de asco
camino a una feria donde se embriagan
de palomitas de maíz y saludan a la bandera,

sin pasiones o con todas las pasiones
que los pequeños Ulises
se inventan para sobrevivir.
Ellos como yo,
nos inventamos pasiones
cada día de acción de gracia
esparcidos alrededor de la mesa,
no hacemos nada
para que la muerte
cuando llegue
solo encuentre un pellejo vació.
El acomodo al ritualismo
es esa cuchara que llevas a la boca:
¿es bueno el pastel de manzana?
Todo se detiene.
Un reino de mudanzas,
un rastro de justicias.
El olvido de inventar pasiones
les entra por la boca
con el sabor de la fruta horneada.
"Señor bendice estos alimentos".
El hombre que no inventa pasiones
no erige a una moza por princesa,
ni cura enfermedades
trastornando todas las vidas
por donde pasa.
Solo vive mintiendo
sobre los dones
que heredó en medio del hastió
de una ciudad
que nunca ha sido una buena metáfora.

Encontraron sus sombras pegadas a un televisor
bajo un muro chamuscado, ¿había algo más que hacer?
Si, si, recoger sus botas
también achicharradas por el fuego.
Fue el mejor espectáculo de la semana
alumbrando toda la bahía, pero luego se acabó
y en las aceras los pequeños
se sientan ahora a jugar
con esos pedazos chamuscados
que caen del cielo en forma de amuletos,
mira, mira, encontré un ojo, dice uno de ellos,
y yo una oreja atenta que apunta hacia la esquina.
No tienen percepción de alientos perdidos
compran y venden un tiempo parpadeante
en la ciudad ladera que grita el último hurra.
Años atrás, vi la sombra de mi padre
camino a su guardia nocturna
y quedé paralizado, él era un ser humano
y no una especie de memoria viva y yo
en unas horas debía tomar un avión
y dejar todo eso por segunda vez
incluyendo los gritos de hurra.
Ya en las nubes me sentí mejor
¿había algo más que hacer?
No deseo regresar para ver en una tarja
los nombres de esos pedazos que caen del cielo
en forma de estrellas negras.

Lo que más abunda en este mundo
son los muros y la basura
después vienen los muertos
que no debieron morir.
Acaban de matar a una niña
de un tiro certero de cañón
y a una mujer en medio de una calle
por estar corriendo bajo las bombas.
La mujer era la madre de la niña
y murieron por estar atadas a esa mano
que sirve de instrumento
para hacer tortas de harina
anudar los zapatos,
peinar los cabellos,
cruzar una calle.
Serán sepultadas en la tierra
junto a otros
que solo han utilizado sus manos
para hacer tortas de harina,
anudar los zapatos,
peinar cabellos y cruzar una calle.
En esas tumbas, difícilmente,
encontrarán los huesos,
de quien pagó por el cañón.

El cielo es azul porque mucha gente al unísono
desea ese color encima de sus vidas.
El azul disfraza
el pavor que sienten a lo desconocido.
Y gracias a ello, nadie más puede decidir
que color tendrá el cielo hoy, mañana, nunca.
Será siempre azul por decisión de muchos
que blanden el azul matriz de la poesía.
Así los espectros, los del control deslizante,
los que viven en un pasado sin mapas,
los que atormentan y gritan, hazlo de nuevo,
hazlo de nuevo, entierra tu cuello en la arena,
no mires al cielo, no mires.
Esos desean que el cielo
tenga el color de la enjundia
de por sí, un color, cercano al rojo
de las guerras ficticias
o perdidas, que al final es lo mismo.
Así es,
así ha sido...
Yo solo sigo deseando, acá bajo mi trocito
mirando mis amaneceres
como si ya supiera todas las respuestas.

He dicho que nací en una isla
la verdad es que mi nacimiento ocurrió en una pecera.
Desde entonces me enseñaron
a mirar al futuro
como un pez que se ha quedado sin aletas.
Y una piedra del fondo fue mi almohada.
La habían colocado días antes de mi nacimiento
para lo único que sirven las piedras
yacer en el fondo y ocultar un agujero
por donde los peces miran afuera
y esperan por alguien
que encienda la luz,
les deje caer unas migajas en el agua.
Algunos de nosotros
ya no vivimos en una pecera
pero, nadie puede estar en lo cierto,
todo el tiempo,
en especial, cuando sabemos
que nos han mentido toda la vida,
al que colgaron en una cruz
también nació en una pecera.

Del autor

Eduardo René Casanova Ealo, natural de Quemado de Güines, Villaclara, Cuba. 13 de abril de 1960. Licenciado en Idioma Ruso, del Instituto Superior Pedagógico León Tolstoi de Tula, Rusia.

En su país natal ejerció diferentes profesiones: profesor de idioma, museólogo, arqueólogo, corrector tipográfico, investigador y funcionario del ministerio de cultura en Guanajay, actual provincia de Mayabeque.

Ha obtenido premios y menciones en concursos nacionales: Premio Calendario de la Asociación Hermanos Saíz, 1998 con su libro de poemas *Navegación Impasible*, publicado por la Editorial Abril, 2000. Primera Mención del Concurso de Cuentos Ernest Hemingway, Finca la Vigía, 1997. Finalista del Concurso Dulce Maria Loynaz, que organiza Puente a la vista, Miami, 2019

Ha publicado los poemarios *Navegación Impasible* y *Al otro lado del mundo, Las Tablillas de Diógenes, El Polvo Rojo de la Memoria* (Novela), *El puente y otros relatos* (cuento). Las antologías, *La Habana convida, Miami mi rincón querido* y la *Compilación de obras presentadas al concurso internacional de cuentos Primigenios, La herencia de los buenos muertos.*

Fundador y editor de la Editorial Primigenios en la que encuentran un espacio de publicación autores cubanos residentes en la isla y que cuenta con un catálogo de más de 470 títulos. Reside en Miami desde 1999.

Índice

LISTADO DE TÍTULOS Y PRECIOS DE EDITORIAL PRIMIGENIOS

1. *1932, Dios, revolución y libertad*. Poesía. Carlos Salina Granda (Perú). $5.99
2. *1968 y el cine, Memorias del 3er Encuentro de la crítica cinematográfica*. Compilación de Pedro R. Noa. $9.99
3. *A la sombra del mediodía*. Poesía. Luis de la Cruz Pérez Rodríguez. $7.99
4. *A quién pregunto por mí*. Poesía. Andrea García Molina. $12.99
5. *A veces, cuando el silencio*. Poesía. José Antonio Martínez Coronel. $9.99
6. *Abrazo a un búcaro sin flores*. Poesía. David Montero Figueredo. $6.99
7. *Actos en la tierra*. Poesía. Eduardo René Casanova Ealo. $5.99
8. *Adiós Rembrandt y otros relatos*. Colección de cuentos. Manuel Antonio Morales Felipe. $7.99
9. *Adoptando a Mini*. Novela ilustrada. Marié Rojas Tamayo. $7.99
10. *Agradecido entonces como un perro*. Poesía. Guillermo Hernández Montero. $5.99
11. *Al borde de las piedras*. Poesía. Yans González García. $5.99
12. *Al diablo el que me lo pida*. Narrativa. Nuris Quintero Cuellar. $5.80
13. *Al otro lado del mundo*. Poesía. Eduardo René Casanova Ealo.$5.99
14. *Al sur de los páramos*. Poesía. Miladis Hernández Acosta. $5.99
15. *Alas verdes*. Poesía. Lucy Barroso Hernández. $9.99
16. *Alguien está en las cenizas*. Novela. Marilú Rodríguez Castañeda. $9.99
17. *Alta Definición, antología de cuentos inspirados en los medios*

61. *Cosas de un niño grande.* Infantil. Hebert Poll Gutiérrez. $5.99
62. *Cosas que vienen del cielo.* Narrativa. Yolanda Felicita Rodríguez Toledo. $10.00
63. *Criaturas.* Cuentos. Alex Schweg. $7.99
64. *Crónica de una matanza impune, Persecución y asesinato de emigrantes canarios en Cuba.* Ensayo. José Antonio Quintana García. $7.99
65. *Cruce de caminos.* Poesía. Antonio Santana Pérez. $7.99
66. *Cuando aparecen los elefantes.* Libro infantil ilustrado. Norge Sánchez. $9.99
67. *Cuando el dolor se convierte en palabra.* Poesía. Elizabeth Álvarez Hernández. $5.99
68. *Cuando me besan tus ojos.* Poesía. Félix Alexis Guerra Menéndez. $5.80
69. *Cuba en la calle.* Fotografías de la Cuba actual. Felipe Rouco Llompart. $24.99
70. *Cuba la revolución usurpada.* Ensayo. Oscar G. Otazo. $15.99
71. *Cuba y los fotógrafos viajeros: Desde 1841 a la actualidad.* Ensayo bibliográfico. Ramón Cabrales y Rufino del Valle Valdés. $12.99
72. *Cuba: crónicas de a pie.* Crónicas. Jesús Arencibia Lorenzo. $9.99
73. *Cuba... qué linda es Cuba.* Narrativa. Hebert Poll Gutiérrez.$7.99
74. *Cucumí no aparece en el internet.* Novela negra. F. P. Ray. $9.99
75. *Cuentos del abuelo.* Ilustrado. Fernando Baracaldo Alba. $7.99
76. *Cuentos e historias para la (des) memoria.* Narrativa. Oscar Montoto Mayor. $9.99
77. *Cuentos feroces.* Cuentos. Alina Moreno. $9.99
78. *Cuentos para crecer juntos.* Ilustrado. Marié Rojas Tamayo. $7.99
79. *Cuentos para soñar* (ilustrados). Narrativa. Sarah Graziella Respall Rojas. $19.99
80. *Cuentos, baladas y otras sospechas.* Cuentos. Luis Felipe Ruano. $23.00

161. *Eros*. Poesía. Armando Landa Vázquez. $5.99
162. *Es la hora de los hornos*. Poesía. Norge Sánchez. $5.99
163. *Escaras*. Poesía. José Alberto Nápoles. $5.99
164. *Escritos de un plumazo*. Narrativa. José Alberto Collazo. $7.50
165. *Estaba la pájara pinta*. Ensayo. José Antonio Martínez Coronel. $36.99
166. *Fábula del presunto cuerdo*. Narrativa. Edilberto Montecé. $7.99
167. *Fauna cavernícola*. Ensayo. José M. Ramos Hernández. $7.99
168. *Feria de máscaras*. Poesía. Yamilka González Pérez. $5.99
169. *Fiesta de rimas*. Poesía ilustrada para niños. Eliane Acosta Moreira. $11.99
170. *Filosofía política de la guerra*. Ensayo. Carlos Salinas Granda. $10.99
171. *Fragmentaciones de la luz*. Poesía. Luis Mariano Estrada (Lewis). $7.99

172. *Fragmentaciones del silencio*. Poesía. Ana Ivis Cáceres de la Cruz. $5.99
173. *Frederich Cepeda, la voluntad como primicia*. Ensayo. José Ramón Crespo Jiménez. $40.00 y $12.99
174. *Frontera azul*. Novela. Abel German. $15.99

175. *Fruto Rojo*. Poesía. Ana Herminia Rodríguez. $5.99
176. *Gabriela en el espejo*. Cuentos ilustrados para niños. Norge Sánchez. $9.99
177. *Gabriela*. Infantil. Norge Sánchez. $5.99
178. *Gentes, volumen II*. Cuentos. Roberto Peláez Romero. Tapa blanda. $9.99
179. *Gentes, volumen II*. Cuentos. Roberto Peláez Romero. Tapa dura. $28.99
180. *Gentes*. Cuentos. Roberto Peláez Romero. $7.99
181. *Germán pinta guaraparanganas*. Artes plásticas. Germán Molina. $11.99
182. *Gestos brutales*. Cuentos. José Alberto Velázquez
183. *Glosar el viento*. Poesía. Ana Rosa Díaz Naranjo. $12.99

206. *La fiesta de la reina ortografía.* Narrativa infantil. Ronel González Sánchez. $7.99
207. *La frágil memoria de la semana.* Poesía. Elizabeth Álvarez Hernández. $5.38
208. *La furia de los vientos.* Testimonio. Pedro Armando Junco. $12.99
209. *La Gallina golondrina.* Infantil ilustrado. Norge Sánchez. $9.99
210. *La gruta del lobo.* Narrativa. de Hamlet Gómez. $12.99
211. *La Habana convida. Antología poética por el 500 aniversario de la ciudad.* Eduardo René Casanova Ealo y 79 poetas. Edición de lujo. $70.00
212. *La Habana convida. Antología poética por el 500 aniversario de la ciudad.* Eduardo René Casanova Ealo y 79 poetas. Edición estándar. $15.99
213. *La Hechicera.* Narrativa. Yasmín Sierra Montes. $9.99
214. *La herencia de los buenos muertos, compilación de obras presentadas al Concurso Internacional de cuentos.* Compilación. Eduardo René Casanova Ealo. $19.00
215. *La isla de las hormigas rojas.* Poesía. Luis Mariano Estrada (Lewis). $5.99
216. *La isla del espanto y otros cuentos.* Narrativa. de Gisela Lovio. $12.99
217. *La isla preterida.* Poesía. Miladis Hernández Acosta. $23.60
218. *La Larga.* Narrativa. Ángel Osiris Milián. $15.99
219. *La luna frente al espejo.* Poesía. Luis Mariano Estrada (Lewis). $7.99
220. *La música del árbol.* Poesía. Adalberto Hechavarría Alonso. $6.99
221. *La oscura escalera.* Novela. Ramón Díaz-Marzo. $6.99
222. *La patria es una naranja.* Poesía. Félix Luis Viera.$8.99
223. *La peña de Horeb.* Poesía. José Antonio Martínez Coronel. $6.99

243. *Laurel y orégano, la hora en que no muere nadie*. Narrativa. Marié Rojas Tamayo. $19.99

244. *Laverna*. Poesía. J. W. Riter. $5.99

245. *Lengua de sapo, relatos hiperbreves*. Narrativa. Edgar Estaco. $9.99

246. *Levitas del siglo XXI*. Ensayo. José Luis Riverón Rodríguez. $7.99

247. *Libro de los prójimos*. Poesía. Miladis Hernández Acosta. $7.99

248. *Libro negro del desencantado*. Poesía. Eduardo René Casanova Ealo. $12.99

249. *Los años del principio*. Novela. José Gutiérrez Cabanas. $15.99

250. *Los blancos territorios, antología creciente*. Poesía. Miladis Hernández Acosta. $17.99

251. *Los caminos del agua*. Poesía. Armando López Carralero. $5.99

252. *Los cerezos de tu vientre*. Novela. Yasmín Sierra Montes. $15.99

253. *Los Césares perdidos*. Poesía. Odalys Leyva Rosabal. $6.99

254. *Los cuentos más tontos del mundo*. Narrativa. Ronel González Sánchez. $9.99

255. *Los días nuestros*. Poesía. Mayda Milián Ortiz. $6.99

256. *Los enanos de corazones*. Cuentos. Aymee Corominas. $5.99

257. *Los hilos de Ariadna*. Narrativa. José Antonio Martínez Coronel. $15.50

258. *Los imponderables reinos*. Poesía. Miladis Hernández Acosta. $5.99

259. *Los independientes de color*. Poesía. Armando Landa Vázquez. $9.99

260. *Los mapas del tiempo*. Poesía. Álex Padrón. $10.00

261. *Los maravillosos viajes de Globito*. Infantil ilustrado. Clara Lecuona Varela. $12.99

262. *Los misterios de la torre: El muerto del pozo*. Novela. Mario Luis López Isla. $9.99

263. *Los Naranjos*. Novela. Salomón Leroux. $9.99

$6.99

373. *Todos vivimos en Oz*. Cuentos. Edición de lujo. Marié Rojas Tamayo. $40.00.
374. *Todos vivimos en Oz*. Cuentos. Edición estándar. Marié Rojas Tamayo. $12.99

375. *Torres de marfil*. Narrativa. Yonnier Torres Rodríguez. $7.99
376. *Trampas de amor*. Poesía para niños. Carlos Ettiel. $14.99
377. *Tras el telón de celuloide: Acercamiento al cine cubano*. Crítica cinematográfica. Antonio Enrique González Rojas. $7.00
378. *Traumas*. Cuentos. Osmel Iglesia. $7.99
379. *Travesía al desnudo*. Poesía. Wendy Calderón Veloso. $5.99
380. *Tus luces sobre mí*. Narrativa. Maritza Vega Ortiz. $7.99
381. *Un grafiti en los ladrillos*. Poesía. Hansrruel Aldana Cabrera. $5.99
382. *Un pueblo con suerte*. Ilustrado para niños. Andrés Cobo García. $9.99
383. *Un rey sin corona*. Novela. Frank Correa. $7.99
384. *Un tren delirante*. Novela. Alina Moreno. $9.99

385. *Un triste cepillo de dientes*. Narrativa. Norge Sánchez. $7.99
386. *Una ciudad sin lágrimas*. Miriam Peña Leyva. $5.99

387. *Una cosa es con guitarra*. Poesía. José Luis Rodríguez Alba. $5.99
388. *Una mujer es...* Poesía. Juan Francisco González-Díaz. $5.50
389. *Uno por aquí y yo, en la pandilla del barrio*. Novela. Noelio Ramos Rodríguez. $7.99
390. *Uvas para llevar a la boca*. Poesía. Lucy Maestre. $7.99

391. *Valbanera: Naufragio, misterio y leyenda*. Ensayo. Mario Luis López Isla. $12.99
392. *Vértigos*. Poesía. José Poveda Cruz. $5.99
393. *Vienen... vienen los americanos*. Cuentos. Rebeca Ulloa. $7.99
394. *Viento de cenizas*. Poesía. Miladis Hernández Acosta. $8.99

395. *Xarahlai La Gitana*. Narrativa. Xiomara Maura Rodríguez Ávila. $9.99
396. *Y a todo a media luz*. Narrativa. Teresa Medina Rodríguez. $6.99

Es un libro de poemas que no deja espacio para respirar. Su intensidad es dolorosa casi. Y a la vez produce un extraño entusiasmo. El entusiasmo que uno siente cuando lee algo que sabe está bien. Y en este caso, además, porque es una poesía de la que yo me apropio, es como si participara en ella. Y creo que eso viene por varias razones: la primera, la energía del lenguaje. Es un lenguaje valiente, una lengua que te va dando golpetazos en la cara con su onda expansiva, como si fueran explosiones. Ocurre desde ese terrible "No quiero mi país de vuelta./ Ya para qué", que me parece dicho por mí cuando he mandado todo a la mierda . La segunda, los asuntos, todos te conectan con la vida, ninguno suena a cosa ajena. Y la tercera es que se conecta con la parte jodida del vivir, algo en lo que la mayoría de los seres humanos tenemos algunos cursos, si no títulos y hasta posgrados. Debe haber cuartas y quintas y hasta sextas razones, seguro, pero ahí van quizá las más llamativas.

Me admira el modo con que se ocupa de los asuntos más personales, incluso íntimos, y luego, sin que se note la "soldadura", entra en los del compromiso social. Es admirable porque lo hace con naturalidad, moviéndose con soltura como que es su territorio, sin que el texto pierda ni un ápice de belleza, de misterio, de hallazgo, de... credibilidad. (Pocos poetas que se han atrevido con eso lo han logrado. Vallejo con su España aparta de mí este cáliz, algunas veces el Neruda del Canto General, también Eluard, Miguel Hernández, o el Nicolás Guillén aquél que escribía cosas como "No sé por qué piensas tú, soldado que te odio yo... etc. Hay una lista muy notable, pero escasa, de poetas que hicieron esta poesía sin ser panfletarios, al menos en parte de su obra. Sabemos que Guillén luego escribió auténticas bazofias, también Neruda, y hasta Vallejo hizo aquel "Masa" que musicalizó Silvio, pero que realmente era muy flojo, completamente extraño a él y al poemario mismo). El último poema es perfecto como cierre. Un poema genial de punta a cabo. "Lo que más abunda en este mundo/ son los muros/ y la basura..." Como también lo había sido el primero con esa especie de renuncia brutal que marca, ya desde entonces, la intensidad y que ya cité, pero que repito, por su peso: "No quiero mi país de vuelta." Con ese añadido que suena como un machetazo al cordón umbilical: "Ya para qué".

Abel German, España y de madrugada

Eduardo René Casanova Ealo, Poeta y escritor natural de Quemado de Güines, Villaclara, Cuba. 13 de abril de 1960. Licenciado en Idioma Ruso, del Instituto Superior Pedagógico León Tolstoi de Tula, Rusia. Ha obtenido premios y menciones en concursos nacionales: Premio Calendario de la Asociación Hermanos Saíz, 1998 con su libro de poemas **Navegación Impasible**, publicado por la Editorial Abril, 2000. Primera Mención del Concurso de Cuentos Ernest Hemingway, Finca la Vigía, 1997. Finalista del Concurso Dulce María Loynaz 2019. Ha publicado los poemarios **Navegación Impasible y Al otro lado del mundo, Las Tablillas de Diógenes, El Polvo Rojo de la Memoria**, (Novela), **El puente y otros relatos**, (cuento). Fundador y editor de la Editorial Primigenios en la que encuentran un espacio de publicación autores cubanos residentes en la isla. Reside en Miami desde 1999.

EDITORIAL PRIMIGENIOS

CORPUS LÍRICO DE UNA NACIÓN

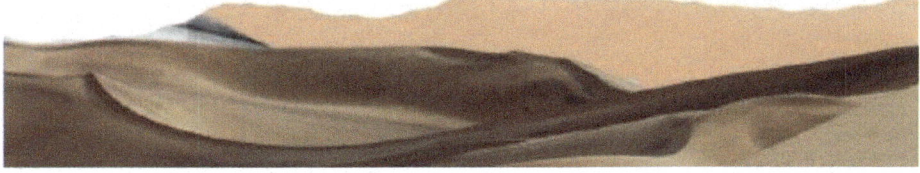

EDITORIAL PRIMIGENIOS

CORPUS LÍRICO DE UNA NACIÓN

Made in the USA
Columbia, SC
30 October 2022

70149713R00065